YOLANDA MOZOTA GARCÍA

SOLO LAS CAMELIAS FUERON LIBRES EN LOS BALCONES

Primera edición: septiembre de 2024

© Yolanda Mozota García, 2024

© Ediciones Carena, 2024

Ediciones Carena
c/Alpens, 31-33
08014 Barcelona
T. 934 310 283
info@edicionescarena.com
WWW.EDICIONESCARENA.COM

Diseño de la cubierta: Geraldine González y Antonio Capa

Coordinación y revisión: Jesús Martínez
WWW.REPORTEROJESUS.COM

Depósito legal B 13313-2024

ISBN 978-84-19890-85-6

Impreso en España - Printed in Spain

A Pasquale, por hacerme los despertares luminosos
y los anocheceres, cálidos.

Hoy es domingo, según el calendario. También era domingo aquel día. Así los ciclos. Así los sueños y la vida.

CHANTAL MAILLARD

ÍNDICE

PARTE I

SE ENCARCELARON LOS SUEÑOS

(POEMAS DURANTE LA PANDEMIA)

ÍNDICE

PARTE I

SE ENCARCELARON LOS SUEÑOS

(POEMAS DURANTE LA PANDEMIA)

PARTE II

VOLVIERON A BRILLAR LAS ESTRELLAS

(POEMAS POSPANDEMIA)

PARTE I

SE ENCARCELARON LOS SUEÑOS

(POEMAS DURANTE LA PANDEMIA)

1

El espacio no lo moja la lluvia

Yo quiero que este momento sí moje nuestros corazones
y cruja nuestra sensibilidad
y abra nuestros ojos
y libere rabia de lo que nos hacemos,
de lo que permitimos que nos hagan impunemente.
Y aun así, hacemos por no tomar conciencia
y teniéndola, repetimos...

Quiero no olvidarme de este momento.
Y aprender que la vida pasa factura.
Y que el daño que hacemos se revuelve y se torna en contra.
Y el síntoma de la naturaleza que contaminamos
    [se posa en cada poro de nuestra piel volviéndose áspera y sucia.
Y no somos inmunes a lo que contaminamos.

Quiero llorar con los que lloran,
gritar con los que gritan y con los que no pueden gritar...
Cuidar de lo pequeño para que lo grande se contamine de cuidado
y los pocos muy avaros se pudran en su codicia capitalista,

y se llenen de mierda sus corazones.
Quiero vengarme con la compasión como arma arrojadiza,
para contaminar de amor las mentes enfermas
y hacer pandemia de la conciencia amorosa.
Quiero reírme a carcajadas y arrollar el corazón
de aplausos solidarios de conciencia
y unión de hermanos.

Eso quiero...
Que la lluvia moje el espacio del alma.
Que la rabia moje al miserable que se aprovecha de este momento.
Que la unión nos haga más fuertes en conciencia y apoyo.
Que la mente racional dé la mano a la mente emocional,
para abrazar al instinto y curar las heridas.

2

Otro día

Otro día que quiero que pase pronto,
o lento,
o que no pase, para que me dé tiempo a darme cuenta de vivir el día.

Otro día que siento la impotencia de la muerte que arrebata la vida,
como si se tratase de olas que se acercan a la orilla
y se llevan trocitos de arena frágil.

Otro despertar con certeza de muerte e incertidumbres de vida.

Otro día que construir, para que el miedo no arroye
        [las pocas ilusiones que van quedando
y que la pelea con la enfermedad se venza con las ganas de vivir,
con poder respirar solidaridad,
con poder gritar gracias que sigo viva,
en vez de resistiré a esta gran muerte.

Otro día para regalar sonrisas a tantas lágrimas,
que no pudieron mojar las pieles de sus seres queridos,

para dejar que te toque el sol como elixir de vida.
Dejar que la música sea de contacto y no de duelo,
y que los duelos puedan mostrar su rabia por lo traicionero
	[que está siendo...

Y otro día que espero que pase pronto y lento...
para que dé tiempo a salvar alguna vida
y que el respirar vaya siendo acompasado al ritmo de esperanza,
ahora casi divina.

3

COMPASIÓN

En la retaguardia.
Porosa y cuidando de la tristeza que me produce
[tanta muerte no despedida.

En el contacto sin piel que abraza el aire.
Intento acariciar la mejilla de los que se van...
Una cifra perversa —de un virus que ataca impunemente—
nos da una lección de nuestra insolidaridad histórica
[con los seres más frágiles.

Sueño vibrando que el nuevo día despierte
[restando muerte y sumando vidas,
descubro lágrimas que caen intentando agarrarse a la esperanza.

Despierto más triste de tanta muerte y más alegre de la vida,
más amorosa con lo sutil y más distante con el avaro,
más consciente del privilegio y más rebelde con no compartirlo,
más amable con los enfados, sean de la naturaleza que sean,
y más impotente con no poder hacer más de lo que hago.

Más comprensiva con los límites de cada uno
y más silenciosa intentando no emitir juicios sin empatía.

Y a veces lo consigo.
Y me pillo intentando disociarme para no salir de mi zona ciega
        [de confort.
Y me vuelve a invadir una tristeza compasiva por el mundo,
por los más frágiles,
por lo que se nos olvida,
por los niños,
por nuestros mayores,
por los animales,
por la naturaleza,
por los olvidados,
por la memoria, que olvida el daño que hacemos,
cuando repetimos patrones aprendidos ya vividos...

Hoy quiero lanzar un grito de COMPASIÓN a la muerte y a la vida...

4

Tristeza y despedidas

Hoy me despiertan los pensamientos amontonados y caótico.
Siento que mi yo,
en el mundo del tú,
se simbiotiza con la muerte y con la vida.

La madre tierra retumba,
sangra,
no respira
y, dolida, duele.

No quiero entrar en políticas que justifican intereses y errores...
No quiero escuchar demagogias de politiqueos,
que esconden guerras económicas.
Me asquean los discursos.
No entro en paranoias,
tan solo soplo al aire,
y respiro tristeza,
duelo,
silencio,

impotencia,
dolor,
pérdidas...

Somos y fuimos simbióticos con nuestra madre.
Tenemos deseo de unidad.
Me acerco a una conciencia que late tristeza
me acalla el pensamiento,
me apena el corazón,
me aceleran la necesidad de apoyar al necesitado.

Me despido al ritmo de la nada.
Respiro meditando.
Rezo para que respiremos.
Dejemos respirar al planeta.
Me despido de gente querida
y siento a los ya perdidos.

5

Corazón cercano

Y ahora qué hacer con tanta pérdida,
¡cómo recoger tantas lágrimas no acompañadas!
¡Cómo abrazar tanta rabia e impotencia!
¡Dónde depositar la esperanza!

Esperanza de incertidumbres,
certeza de traumas,
ritmos descompasados,
caos solidario que retumba cada mañana.

Corazón que late y se acerca a tantas:
Pérdidas...
Traumas...
Lágrimas...

Tocará recomponer pedazos de esperanzas,
tendremos que acompañarnos en un camino desolado.
Poner Sol y Alegría, que pueda renovar savia nueva,
y aprender cómo la naturaleza sana en la autorregulación de la vida,

que siembra,
recoge y
mata.

Volver a mirar el día con luz,
sombra...
niebla...
Volver a mirar la noche oscura del alma.

6

Gris metal

Gris metal como las calles de la ciudad en un día de lluvia,
donde el frío del confinamiento encarcela los sueños.

Frío de miedo que no abraza el futuro próximo.
Silencio de ciudad que se despide diariamente
[contabilizando muertes,
con la única esperanza del que el nuevo día remita
[las bajas y aumente las altas.

Noches de luna llena como el candil,
que ilumina la oscuridad pesante del presente.

Anhelo de colores claros.
Distancias de balcones que acercan.
Recuerdos que acarician lágrimas
y abrazan los corazones.

Autoreflexiones de cambios propios...

Propósitos que llenan incertidumbres...

¡Ojalá no nos repongamos pronto de parar el ritmo
y no normalicemos las distancias!
Y sigamos mirando al de al lado desde el mismo sitio
y darnos las manos unidos en la ayuda.
¡Qué no sea un hecho histórico
sino la cotidianidad de nuestra vida...!

7

CAMBIA EL TONO

Va cambiando la tonalidad de colores
y el gris metal se vuelve azulado,
el agua se vuelve desinfectante
y la niebla es contaminante.

La ficción se ha convertido en realidad
y la paranoia fraudulenta es prevención cotidiana.
La desconfianza campa a sus anchas
y la sospecha de: «¡Nos están engañando!»
es verdad consumada.

Llegan noticias veladas,
la información genera más impotencia y rabia.

«Y no estamos solos», no se sabe de quiénes hablan:
de los inmigrantes,
de los refugiados,
de los sin techo,
de los países pobres,

de los empobrecidos,
de los desempleados,
de los futuros sin esperanza,
de los indígenas,
de los niños maltratados y explotados,
de los animales desprotegidos,
de la naturaleza mancillada,
de las mujeres violadas,
de países individualistas sin alma...
Y todos los que sin nombrar faltan,
y aquí hablo de «castas»:
¿De quiénes hablan?

¿Qué tonalidad tiene la esperanza de alianza?
¿A qué sabe la paz?
¿Y qué tinte tiene la compasión humana?
¿Y la hermandad de la igualdad de razas?
¿Y el color de la naturaleza no contaminada?

8

Hoy salió un rato el sol

Como decía Claudio Naranjo nombrando a Martin Buber:
    [«No sé si Dios existe, pero yo hablo con él».

Yo tampoco sé si Dios existe, pero también hablo con él
y en estos días difíciles, para muchas personas, familias y seres vivos,
le pido que un rayo de luz nos ilumine los atardeceres tristes,
le pido que él hambre amaine,
le pido que los avaros sin alma humanicen su mirada
    [y repartan al que lo necesite,
le pido que mi corazón no cese de ablandarse
    [y las lágrimas sean también de Alegría,
le pido que la belleza sea santa y el odio, sacrilegio.

Le pido amor para el desamparado.
Compasión para mirar la vida.
Castigo humanizado al desalmado.
Que sufran la culpa y el arrepentimiento los sádicos.
Disfrute a los traumatizados...

Y mucho más le pido...

Pero a pesar de todo lo que le pido,
y me pido,
y doy,
y pido,
lo que pido y me pido y os pido,
es como decía la canción:
«Espero que el fin del mundo nos pille bailando»…

9

UN RAYO DE SOL

Saqué las camelias a los balcones y están empezando a florecer.

Hoy salieron los rayos de sol y mis balconcitos
            [están siendo un oasis de vida,
que oxigenan mis pensamientos tristes.

La paciencia se debilita en aplausos,
            [que animan energías desgastadas,
a la vez que cargadas de humanidad.

La desconfianza en la información que llega
se empieza a convertir en paranoias repletas
            [de bulos y manipulaciones.

También hay días grises y lluviosos que impiden y acompañan
una primavera que se resiste a iluminarse.
Aunque no reprime a las flores que florezcan,
            [tiñe el cielo de la sombra de aquellos que se despiden.

Y a pesar del ser humano, la vida sigue,
y nos alegramos de un nacimiento
y de darnos la mano
y de saludarnos en los balcones
y de una llamada de un amigo del que no sabemos desde hace tiempo
y de un gran propósito cumplido,
como el de dar la vuelta a la manzana
o ganar la batalla a un nuevo día.

Y saqué las camelias a los balcones y están empezando a florecer.
Y yo respiro...

Hoy no florecen las rosas y el blanco de las nubes se vuelve ocre.

Estoy en un día disperso, las pantallas me llevan
        [a la fijación de mirada con dispersión de ver.
escucho de cerca lo que miro de lejos, abrazo sin cuerpo
        [y beso sin piel y con más alma que nunca.
Deseo correr...

10

Polaridades en la pandemia

Encierro o confinamiento.
Miedo o amenaza.
Autorregulación o catástrofe.
Revivir o dejarse morir.
Concienciarnos o no mirar.
Evitar lo obvio o conectarse.
Realidad o paranoia.
Verdades o neblinas disfrazadas.
Cuidarse o no abandonarse.
Luchar o defenderse de la amenaza.
Valientes o mártires de un sistema que nos devora.
Parar y darse cuenta o paralizarse ante la amenaza de lo incierto.
Posibilidades de cambio o seguridad en el enemigo ya conocido.
Anhelo del contacto que teníamos y no valorábamos o conciencia
de lo atrapados que estábamos en la individualidad.
Creatividad en lo nuevo o reformular intereses antiguos.
Acompañarnos en la vida o aliarnos ante el peligro.
Abrazarnos o sintonizarnos en el contacto.
Buscar la armonía con la tierra o destruirla
      [pretendiendo salvarnos.

Reconocer la grandeza de otros seres o seguir creyendo en la
omnipotencia humana.
Destruir lo enfermo o construir lo saludable.
Confiar en la obviedad o desconfiar en lo extraordinario.
Amarnos sabiéndonos iguales o destruirnos empeñándonos
                [en querer diferenciarnos en clases sociales.

11

Sólo nos salvará el amor

Abrimos la puerta al cambio,
soltar lo que sobra y desencadenarnos de los automáticos,
que nos asfixian con dinámicas aprendidas de una sociedad androide.

Estímulos desenergetizados de falsas necesidades,
que aumentan los cajones de trastos innecesarios.
No quiero seguir desprendiéndome de lo que sobra,
quiero no seguir almacenando abrazos vacíos
        [o palabras vacuas de complacencias.

Quiero que el amor pueda a las guerras,
que la soberbia, de unos pocos, deje de ser la miseria de muchos,
que sea más grande la humildad, que la omnipotencia,
y que el aroma de una rosa impregne las pieles empobrecidas
        [por hambre.

Quiero vomitar angustia de incertidumbres,
patalear al narcisismo humano, agarrándole la mano,
        [para que mire a los que daña.

Quiero bajar la cabeza y seguir aprendiendo de lo sutil,
de los seres pequeños, de la inocencia, del juego...

Quiero seguir aprendiendo a querer,
a quererme,
a amar sin ningún sentido,
pero con todo el sentimiento,
con el único interés que seguir amando a los otros.
Quiero seguir aprendiendo que el más minúsculo de los seres
de este universo,
en muchísimas ocasiones, es más grande que yo
y puede enseñarme algo.

Sigo pensando que sólo nos salvará el amor...

12

ESTO FUE AYER

Hoy no encuentro sitio para el abrazo,
ni tengo ganas de levantarme.
Me va aplastando la pereza,
la cotidianidad, que no contrasta más que con que baje
        [la cifra de muertes y suban las altas.

Hoy no quiero desahogar mi tristeza,
ni mi impotencia,
ni mi desasosiego.
Ni siquiera siento rabia.

Sólo quiero despejar la mirada para encontrarme
        [con lo que hay al fondo de los balcones,
con las risas compartidas jugando con la arena de la playa,
quiero el calor de los rayos de sol que vuelven tostadas las pieles.

Volver a tener contrastes de abrazos,
que los días nos deparen paseos, quehaceres,
donde las calles no sean estancias
y el caminar no sólo sea mover el cuerpo.

13

Hoy es otro día

Me despierto soñando con convertir un rayo de sol
    [en una playa de caracolas.
Mi casa, en un castillo donde perderme y descubrir rincones.
Moverme es cosa de un reto diario.
Desplazarme es volar con la imaginación más creativa
    [descubriendo infiernos o paraísos nuevos.

Y descubro el enemigo más común de lo cotidiano
    [buscando refugio, emborrachándose.

Y miro el cajón recóndito que nunca abro y recoloco malestares,
el abrigo es el verano,
el invierno es la soledad de la piel que busca contacto,
los colores son llamadas inesperadas,
los propósitos son poner alegría haciendo una ensalada
y bailar con el ordenador creyéndose de fiesta.

Los balcones son grandes playas repletas de gente donde nadar.

Un brindis se convierte en un abrazo diario
    [aplaudiendo a los que acompañan,
    tanto a vivir como a morir.
Un libro es un compañero con el que hacerse un viaje.
Una paloma trae un mensaje de compañía.
Una orquídea nos marca el ritmo del despertar, del florecer.
Un amigo aparece en un cajón olvidado.
Una pataleta despierta un narcisismo herido
    [y acerca necesidades no nombradas...

Y hoy despierto con una alegría vergonzosa
    [que no alcanzo a distinguir si es:
desesperación o necesidad de que pase otra más esperanzadora.

14

Todo pasa

Vuelvo a replantearme la vida.
Como si el día me pudiera ofrecer algo que no dependiera de mí,
como si la sorpresa de «¿qué voy a comer hoy?»,
no fuera ya un gran lujo y un bendito privilegio.

¡Cuánto sentido toman algunas relaciones olvidadas!
¡Cuánto echo de menos a mis abuelos...!
Parece que casi me tengo que alegrar, porque se fueron hace ya tiempo.

Toma forma la bendición en una mariposa,
que se entretiene aleteando al lado de mi hombro en el balcón,
me doy el tiempo de observarla fascinada.

¿Paro en el despertar o duermo más?
¿Tengo más tiempo?
¿O tan sólo miro el día desde casa y soy consciente de los límites?
¿Me río de la vida normalmente quitándole sentido al pasar del tiempo?
¿O empiezo a dar valor a un momento conmigo echándote de menos?

Toma sentido pasear sin destino,
comprar lo necesario,
contemplar el cielo,
regar las amistades,
echar de más la falta de contacto,
por sentir el echarlo de menos.

¡Qué surrealista es el momento donde pasear a un perro
        [es una experiencia prodigiosa!

Las expectativas se minimizan y desde ahí
        [las desilusiones no esclavizan tanto.
Lo insatisfactorio es abrazar la realidad que construimos,
donde lo que duele también nos trasforma.

15

Y ahora ¿qué quiero?

Ver esta situación como una oportunidad de transformación
 [o como el apocalipsis.

Tostar la piel o quemar las ganas.
La ilusión de salir se entrecruza con la desgana y el miedo a lo nuevo.

Darme cuenta de la enfermedad del día a día,
y ver y hacer un paréntesis como punto de partida.
Reflexiono con lo que estoy en paz.
Intento crear una estructura más solidaria casi olvidada.
Mis sensaciones están llenas de rutinas autómatas,
que entumecen la vibración de la vida.

Al principio pensé que necesitaba hacer muchas cosas,
cada vez necesito hacer menos.

Ahora veo el valor de un abrazo.
Doy valor a una lágrima y la recojo en un frasco de colonia.
Veo que una ducha de agua caliente es un regalo cotidiano.

Me da alegría transgredir, quedando con una amiga
        [en la farmacia o en el supermercado.
Veo un libro como un leal compañero de viaje...

Y ahora quiero todo con mucho menos
y quiero mucho menos con más sentido.

16

Transitoriedad de la experiencia

Como el esplendor de la juventud y la hora en la flor,
esperemos que el cambio del momento nos devuelva los valores perdidos,
que la templanza acune los desencuentros
y la nueva conciencia nos dé posibilidades.

Y sigo...
y seguimos...
y seguiremos abrazando
y aprendiendo de la transitoriedad.

17

Hoy entró un rayo de luz

¡Uiisss! Me picoteó un rayito de sol en la ventana,
abrí los balcones y entró el calor,
mojé la piel y refresqué las plantas,
descubrí una oportunidad de mar al beber agua
y sentí el calor del color,
donde se estaba oscureciendo mi tez.

Necesito risas que acaricien el miedo al cambio,
compartir abrazos que acompañen los duelos,
agradecer encuentros que no son cotidianos y hacerlos hábito
y despedir relaciones añejas basadas en dinámicas vacías.

Quiero bailar al ritmo del aire.
Sonreír al compás de la mañana.
Descansar con paz.
Escuchar los sonidos y no el ruido que te impide oír.
Volver a tener ganas de embellecer la naturaleza ya colorida,
cuidándome... y cuidándola.

Quiero compartir abrazos...

18

SE ACERCA LA SALIDA

Varios días sin salir, planteando la salida,
recordando pérdidas y recuperando ganas.

Las pantallas se han vuelto contactos;
las llamadas, necesarias;
los abrazos, anhelados...

Me pararon ayer los ojos.
Me pusieron un límite necesario,
se cerraron.
Se abrió una herida antigua y lloraban.
No podían abrirse,
dolían.

Me pregunté: «¿qué estarán recordando o necesitando llorar?»
Y los atendí.
Los estoy escuchando y cuidando.

Me dicen que no deje de mirar las pérdidas,
que siga escuchando los aplausos de los sacrificados,
que mire lo nuevo por construir sin olvidar lo antiguo
        [que me llevo al ahora,
que siga despertando todos los días con ganas de ayudar al prójimo,
que la solidaridad no la dicte la política,
que los conflictos no sean de intereses sino de deseos emocionales
        [no alcanzados...

Mis ojos hoy sin pantallas esperan calma en el cuidado,
que el estrés no se recupere de golpe,
que el día vaya callando los ruidos agolpados.

Esperemos una salida no tan apantallada.

19

Soltando

Voy soltando desapego en los conflictos superfluos.
Soltando cargas.
Comprendo lo vanidoso de lo importante
y lo profundo de los detalles.

Y aprendo que lo difícil para muchos, a veces, es fácil para mí,
que lo doloroso de lo impreciso es calma para el caótico,
que la seguridad, que me da el control,
es lo que me alivió el terror de la vivencia traumática,
y para otros es precisamente el yugo que esclaviza.

Hoy comprendo diferencias.
Sostengo facilidades contrastando dificultades.
Aprendo de desenfoques encauzados en idiosincrasias profundas.
Y veo la luz en la sombra.
Lo vano en lo denso.
Lo grande en lo sutil.
Lo superfluo en algunas generosidades.
Lo narcisista en la falsa necesidad.

La falta de generosidad en el no reconocimiento de los otros,
los más pequeños, los iguales o más grandes.

Y me crezco agrandándome en las pequeñeces de otros,
y me empequeñezco en la comparación envidiosa que me aleja,
y me sostengo en la propia mirada humilde de mi mediocridad,
y me acuno en saber lo minúscula que soy
[ante un gusano que se trasforma en mariposa.

20

Cuando todo se hace gris

Las palabras se convierten en sentencias,
los olores se recalientan con azufre emocional
que expanden aromas recalcitrantes.

Cuando el azul es gris,
el naranja azulado
y los verdes son marrones aromatizados…

Entonces no apuesto por nada,
ni por nadie.
Ni por mí misma.
Sólo me sale
——————————— «que se acabe» ———————————

Y no sé de dónde viene…
¿o quizás sí?
Y me cuento:
Que «soy una negativa cobarde» que agranda
            [los malestares para poder esconderme

y refugiarme bajo la manta o en el pecho de mi pareja
[que arropa mi desconfianza y mis desaires.

Cuando el cielo se hace gris
y las nubes se hacen nubarrones,
los pozos se convierten en profundidades.

21

Todo parece

Parece que podemos salir, pero la prudencia impide la libertad.
Parece que podemos correr, pero las mascarillas dificultan respirar.
Parece que sale el sol, pero las tormentas acechan.
Parece que van controlando la pandemia,
        [pero el desconocimiento sorprende.
Parece que se despeja la salida y se incrementa la incertidumbre.
Parece que nos informan, pero nos desinforman los intereses económicos.
Parece que la política es económica y la economía mundial es individual.
Parece que se necesitan cambios, pero lo que se vislumbra se pierde
        [en el horizonte de grises.
Parece que todo cambia, aunque no podamos trasformar algunas cosas.
Parece, pareceres, parece que…
Todo parece…

22

Termina el 2020

Termino el año cargada de valores dañados,
confundida por el paso del mañana,
deslumbrada por un año cargado de focos de pérdidas,
esperando que termine el tiempo
y que aparezca el instante...

Me quiero aferrar a los pocos momentos buenos del año
y encuentro algunos intentando esconderse en los rincones:
mirando el mar,
intentando planear un viaje,
o cenando con cuatro amigos.

Termino el año deseando abrazos,
implorando justicia,
anhelando un baile,
caminando con libertad desenmascarándome del virus letal,
desapegando miedo al mañana,
intentando soltar tristeza,
agarrando segundos de alegría,

recordando lo que era la normalidad,
intentando integrar las pérdidas,
perdonando los desencuentros absurdos,
        [que enturbian lo importante.

Termino el año y doy las gracias, arrodillándome,
bendiciendo a las personas que me habéis enseñado A AMAR la vida,
sin borrar lo malo que me enseña a vivirla.

Feliz 2021.

23

Transparencia, por favor

Hoy despierto en el confinamiento y no tengo miedo a la muerte,
tengo miedo a la soledad,
no tengo miedo a la rabia,
tengo miedo al desamparo,
no tengo miedo de la información,
tengo miedo de la mentira que oculta,
no tengo miedo de la enfermedad,
sino de no poder atenderla,
no tengo miedo de aislarme,
sino de perder el contacto con la realidad,
no tengo miedo de lo que nos espera,
tengo miedo de no haberlo tenido en cuenta...

—Pensando, en el día a día, que a mí no me iban a tocar
las consecuencias de lo que estamos haciendo con el mundo—.

No tengo miedo al cambio,
sino de pensar tan sólo por un segundo «sálvese quien pueda»,
no tengo miedo a la muerte,

tengo miedo a la vida torturada de deshumanización,
no tengo miedo a desaparecer de este mundo,
tengo miedo de no saber escuchar al que sí lo tiene,
no tengo miedo a lo que nos depare el futuro,
tengo miedo a que nos lo sigan manipulando con amenazas
cargadas de falta de transparencia.

Entonces, me parece
que tengo más miedo a la vida oscura,
que a la muerte transparente.

24

Entrega

Me entrego a la vida teniendo en cuenta su pérdida,
confío en su propósito, efímero y suspicaz,
y me entrego a lo que venga,
sin olvidar mi compromiso de estar en mí...
y en ti...
y en quien me necesita.

Me dejo de tonterías infinitas,
que quitan peso a lo importante,
e intento atrapar el tiempo
y un abrazo como si no pudiera darlo
y un suspiro como si de elixir se tratase
y un baile como Nutrición del alma
y una sonrisa como caricia importante.

Y me dejo estar agarrando momentos,
soltando gruñidos,
atrapando sabores,
difuminando sinsentidos.

Y me atrapa la tristeza
y consumo impotencia de no salvar vidas
y suelto pensamientos egoístas, fiscalizados en mi ombligo,
y miro un poco más lejos...

Y veo a una parte de la humanidad,
        [que sufre lo que la otra parte imprime.
Y veo el latir de corazones de mariposas frágiles,
        [que aletean fortaleza de inocencia.
Y revivo...
Y vuelvo a confiar para dar sentido a mi vida estando al servicio.

25

Estoy de bajón

Echo de menos...
Os echo de menos...

Echo de menos las risas.
Echo de menos los encuentros.
Echo de menos regalarnos en los cumpleaños.
Echo de menos cumplir años disfrutados, no sólo vividos.
Echo de menos salir a bailar.
Echo de menos volar en sueños.
Soñar una puesta de sol.
Volar viajando y no sólo viajar soñando.
Echo de menos una caricia espontánea
Echo de menos libertad.
Echo de menos vernos las caras.
Darnos las manos.
Hacernos un gesto con toda la cara.
Respirar a todo pulmón.
Llorar sin ahogarme.
Pintarme los labios.

Tener ganas de subirme a los tacones.
Tener ganas de salir a la calle.
Disfrutar de estar en casa no sólo tener que estarlo.

Tengo ganas de gritar, reír, llorar, bailar, tocar, fumar, beber,
comer, emborracharme de todo y de todos, sin el miedo
a contagiar o contagiarme, sintiéndome culpable de no atender
o cuidar a la humanidad y a la naturaleza con ello.

Aprendida la lección del Amor, Respeto y Cuidado por mi parte.

26

OTRO DÍA

Comienza el día, abro la ventana esperando que el café
de la mañana me dé un respingo entre dulce y amargo al paladar
y un kiwi refresque el sueño.
Pero encuentro en los sabores una cotidianidad alterada
por la incertidumbre de tantas faltas.

Levantarse es entre un alivio y un cansancio,
que ronda entre las ganas de salir corriendo del espacio habitado
o amedrentarse entre las sábanas,
para no escuchar el dolor que expresan tantas lágrimas.
Aun así me levanto.

Comienzo el día.
Intento no atraparlo.
Sólo saltearlo,
pidiendo permiso,
sin saltarme normas
y respetando la falta de abrazos.

Siento desasosiego y hartazgo,
me debato entre la pereza y el letargo,
que ya no distingue la libertad del daño.

¡Bufff! ¡Qué cansancio!

Otro día que no sé si quiero que termine o comience.
Intentando creer en lo insustancial del dolor
y en la transitoriedad del momento.

Me cansa el paladar que no cambia de sabores.
Me despista el nuevo día con la rutina a cuestas que no cambia.
Me agota el desequilibrio humano y el pasar del tiempo sin más.
Me confunden los vacíos engañosos del vacío.
Me desconsuela la falta de claridad.
Me deprime el miedo a la sinceridad.
Me distorsionan las verdades a medias.
Me irrita lo opaco que oculta envidia.
Me asusta el egocentrismo.
Me desestabilizan los falsos apoyos.
Me distancian las banalidades.
Me cansan los días grises.

Me gusta…
Me gustan mucho los amaneceres frente al mar.

27

ANTES

Hoy, no quiero después,
quiero antes,
durante,
ahora,
por delante,
caliente,
latente,
encontrarse,
rejuvenecerse,
apropiarse sin enfriarse,
volver a empezar antes de acabar,
hacerse cargo antes de arrepentirse,
oportunidades,
cambios,
transformaciones no fracasos,
aprendizajes para crecer, no caídas agarrándose a egos insaciables.

Hoy quiero ANTES...

28

Pensamientos

Qué gratuito es el momento del disparate que ocasiona
el destrozo de lo sutil.
Qué inoportuno el pensamiento que dispara juicios al azar
sin mediar palabra.
Qué destructivos son los ideales, cuando no contrastan con la
realidad de las experiencias y arrollan cualquier oportunidad de
escucha.
Qué limitante es la razón cuando se quiere a toda costa
Qué frágil es el pensamiento que no le da la mano
al sentimiento.
Qué curiosas son las sensaciones que van abriéndose puertas a
base de síntomas.
Qué lúcida es la experiencia cuando la intuición acompaña.
Qué limpio es sentir que abraza.
Qué confusos los valores teñidos de creencias.
Qué nutritivas las sonrisas cargadas de esperanza.
Qué alivio soltar cuando la ceguera carga.
Qué liberador el aire cuando se abren las ventanas.
Qué triste el silencio que esconde desesperanza.

Qué decepcionante el amor cargado de prepotencia.
Qué dañinas las ventanas con los cristales rotos.
Qué erguido de fuerza va el victimismo escondiendo lanzas.
Qué asco me dan las personas que se esconden fingiendo miedo y no dan la cara.
Qué libre me siento cuando desbrozo la mala hierba y florecen las plantas.
Qué afortunada soy con el amor en alza.
Qué aprendizaje la vida que cuando no ves te habla.
Qué grande es «el buen amor» que, aunque duela, sana.

29

Me dejo

Me entrego a la vida teniendo en cuenta su pérdida
confío en su propósito efímero y suspicaz
y me entrego a lo que venga sin olvidar mi compromiso de estar en mí...
y en ti...
y en quien me necesita.

Me dejo de tonterías infinitas que quitan peso a lo importante
e intento atrapar un beso como si me fuera la vida en ello
y un abrazo como si no pudiera darlo
y un suspiro como si de elixir se tratase
y un baile como NUTRICIÓN del alma
y una sonrisa como caricia importante.

Y me dejo estar agarrando momentos,
soltando gruñidos,
atrapando sabores,
difuminando sinsentidos.

30

Y NO DIGO MÁS

Y callo lo obvio.
Y observo lo no dicho.
Y cuestiono las palabras sin hechos que acompañan.
Y bailo con las amenazas.
Y me río con los pulsos.
Y me arrugo con las ideas vanas.
Y destruyo lo preconcebido.
Y acompaño al tiempo que muestra la verdad que aplasta.
Y espero resultados que recolocan tardanzas.
Y silencio con gestos la realidad que retrata.
Y escucho y siento y espero y la paciencia manifiesta
        [con claridad la mañana.
Y sin decir nada todo se manifiesta.
Y me aparto y aparece la evidencia.
Y me coloco y lo que sobra se aparta.
Y me peleo y pierdo las ganas.
Y me calmo y la vida cambia.
Y sonrío y los colores cambian.
Y amaino y el corazón danza.

PARTE II

VOLVIERON A BRILLAR LAS ESTRELLAS

(POEMAS POSPANDEMIA)

1

¡QUÉ IMPORTA!

¡Cuántos mundos juntos!
¡Cuántas noches revueltas!
Yo soy la única que puedo hacerme feliz,
pero sigo contándome la misma historia que me contaron
y repitiendo creencias acorazadas.

Vivo en un mundo donde el sentido común es un pasajero
       [que no paga billete,
la compasión es una ridícula enemiga de la prepotencia,
el compañerismo elige un patrimonio individualista,
el orgullo baila una seguiriya como si fuera una Alegría
y muchos dan la espalda a sus hermanos porque nacieron
       [con distintos colores de piel.

No me importan las justificaciones que esconden mentiras.
No me importan los que prohíben la libertad de vivir
       [«eligiendo cómo».

No me importa denunciar faltas.
No me importan los pensamientos banales.
No me importan falsos predicadores de ideas santas.
No me importan las apariencias si no tapan verdades sagradas.
No me importa el éxito si se utiliza para salvar vidas
      [y no para matar esperanzas.
No me importan los que callan la vergüenza de lo que esconden.
No me importa vengarme con conciencia
      [las inconsciencias facinerosas, argumentadas.
No me importan los castigos cuando defienden infamias.
No me importa ser desleal al sistema patriarcal
      [que en nombre de no sé qué Dios
MIENTE

DOMINA

Y MATA.

No me importa la muerte cuando es paz lo que guarda.
No me importa.
No me importas si eres de los que con conciencia dañas.
Y no me importan los cobardes cuando por miedo consienten
atrocidades
y CALLAN.

2

LIGEREZA

Me miras sin demandarme olvidos,
me das sin endeudarme,
me atrapas como una colmena a una abeja,
aligeras el peso del aire.

Ligereza de perdones no necesarios,
ligereza de gratitud de amores,
ligereza de hojas que caen,
ligereza de aires frescos en atardeceres calurosos de agosto.

Alivio de miradas compasivas que atenúan sentimientos enfrentados.
Y aligero los pensamientos retorcidos,
suelto los sentimientos enroscados
y sonrío a una fresa jugosa que me devuelve dulce frescor.

3

Elijo

Elijo no olvidar la injusticia que atrapa la condescendencia
del que mira a otro lado y se justifica de inepcia.

Elijo denunciar al que maltrata en nombre de aprendizajes
que profanan la inocencia como mandato sagrado.

Elijo separarme de quien no me cuida en nombre
de su gran carencia y me demanda,
considerando mi neurótica complacencia.

Elijo no someterme a las miradas de cancerberos adiestrados
que quieren custodiar mi voluntad.

Elijo rechazar con firmeza el que viola mi libertad
en nombre de la justicia.

Elijo hombres con corazón que desde ahí sean padres.

Elijo madres con agallas.

Elijo,
acepto,
me frustro,
me equivoco,
y vuelvo a elegir mi camino sin dañar.

Elijo vivir eligiendo.

4

A RATOS

A ratos me enfado con mis necesidades como si fueran ellas
las culpables de mi falta de cuidado.
A ratos me aligera una cereza como si llenara un vacío de hambre.
A ratos no miro al cielo y me pierdo en la contaminación
        [que respiro.
A ratos sonrío gravedades y gruño nimiedades.
A ratos destilo amor en la mirada, pero sólo a ratos.

Y descubro que los ratos son pequeños momentos,
donde pasa la vida
y se consume el tiempo
y se agota el aliento.

En esos ratos donde tengo calma una mariposa quizás me roce
o puede que salve a una hormiga de arrebatarle la vida sin verla.
En esos ratos donde soy consciente de que estoy viva puede que
la vida no se me pase.

5

Detalles

Detalles son cosas grandes que aparentan ser pequeñas.
Detalles son destellos de cordura que se esconden en rendijas suaves.
Detalles son apariencias cobardes.
Detalles son sonrisas tímidas que esconden grandes despertares.
Detalles son llamadas fortuitas sin mensaje.
Detalles son recordatorios de momentos salvajes.
Detalles son caricias que muestran coraje.
Detalles son miradas íntimas que acompañan complicidades.
Detalles es tu voz callada que destila verdades.
Detalles son guiños fugaces.
Detalles son llamadas inesperadas que despiertan soledades.
Detalles...
Libertades...

6

Salida del confinamiento

Despedidas...
Encuentros...
Ganas...
Ausencias...
Muertes...
Renovación...
Miedo...
Tristeza...
Dolor...
Incertidumbres...
Ilusiones destruidas...
Posibilidades...

¿Salgo de un refugio o de un descanso?
¿Salgo de un miedo a un «no sé» nuevo o a un «no sé» concienciado?
Retomar ¿qué? Lo conocido robótico, constancia desconectada
o huida para parar la hora en la flor y el esplendor en la hierba.

Siento pereza de volver al sinsentido,
donde trabajar mucho me garantiza descanso
y acumular me asegura el futuro,
y la actividad me recuerda que estoy viva
y no que se me está olvidando vivirla.

Quiero seguir recordando al que se ha ido,
igual que estar con el que tengo cerca.

Despedidas.
Ausencias.
Encuentros.
Enseñanzas.

7

Hagamos un trato

Cuéntame qué te duele
siempre que estés dispuesto a escuchar mis daños.

Pídeme cuanto necesites
consciente
de que no sólo es recibir.

Hazte especial para mí
cuando estés dispuesto a adivinar mis necesidades
sin el gruñido de malestares.

Hagamos un trato:

Tratemos nuestro amor con delicadeza,
toquemos lo más sutil
con la profundidad de los mares.
Gritemos en silencio compasivo
nuestros enfados.
Acallemos nuestros orgullos con vendajes.

Tratemos cómo tratarnos.
Acordemos los no tratos.
Adivinemos lo intratable
para poder seguir tratándonos,
y si a pesar del intento
perdemos el trato,
recordemos lo que pactamos.

8

Volaste, amiga

Alzaste el vuelo sin pedir permiso,
soltando lastre calmando angustias,
enviando al padre un lazo suave para que te acompañase.

Te di la mano cuando me la pediste,
te acaricié cuando la fragilidad te impedía subirte las medias,
hiciste un quiebro a la vida para ir a otro compás.

Sigues lanzando sonrisas,
queda tu enseñanza y tu arte libre,
llevas luz en el vientre,
y el ímpetu de tu tomarte la vida a sorbos de champán.

Danza en las nubes tu firmeza,
descansa los esfuerzos,
mira el amor que dejaste a burbujas y a raudales.

Descansa o baila o ríe o ilumina con destellos,
para seguir encontrándonos en otra esfera o en otro momento
o en otra vida.

9

INTENCIONES EN EL AIRE

Vivo de disparates desposeídos de rotundidades,
descubro parajes olvidados como paraísos cargados de sencillez
y disparo intenciones de resolver desastres.

Intento esconder la frustración que me devuelve un desaire,
intento convertir lo inevitable,
intento convocar al viento fresco cuando el calor sofoca
y muerde el aire.

Intento no «intencionarme»
y entonces...
Consigo más frustración inevitable,
y, aunque sé que las intenciones no me valen,
procuro no prometer lo que no culmina.

Intenciones son desaires,
intenciones baladíes,
intenciones danzas en el aire,
intenciones son desastres,

barcos sin puerto donde amarrarse.
Intenciones son eso,
intenciones...
Banalidades.

10

Arrolladora Alegría

¡Qué volcán se moviliza cuando el recuerdo se abre a tripa abierta!
Y una sonrisa irrumpe dando paso a una carcajada,
y no se puede parar,
y los ojos se cierran volcando lágrimas a borbotones,
y arrebata sin parar el tiempo,
y el gozo dispara alegría de vida.

La alegría se convierte en ganas de bailar,
de compartir con gente querida,
de jugar al «corre que te pillo»,
de salir corriendo,
de explosión arrolladora y gritar:
«¡Qué gusto, por dios!».

11

BUEN ROLLO

¡Qué distinto despertar tiene el aire,
cuando no asfixia la piel!
¡Qué sencillo abrazo doy,
cuando no perturba ningún sentimiento,
salvo el contacto deseado como expresión de cariño!
Entonces... el estar cambia...
La energía entona una sinfonía suave,
la piel despierta,
las sonrisas brotan emanando sentimientos fáciles,
como pompas de jabón que con una gota se colman de espuma.
Y en eso, con un aleteo tiembla el universo,
con un roce penetra la complicidad más profunda
y la intimidad es una simple mirada,
un gesto.
Un movimiento que a gritos expresa:
«¡Qué buen rollo!».

12

Y QUÉ MÁS...

La MAGIA es cuando no pasa el tiempo estando contigo.
Cuando lo más sencillo se vuelve encantador es exclusivo.
Cuando la luna ilumina el universo es más grande que un planeta.
Cuando la verdad hiere es que la conciencia aplasta.
Cuando no quiero verte es que la distancia alivia.
Cuando callo ante un grito es que el miedo paraliza.
Cuando no me duelen los golpes es por la piel endurecida.
Cuando respiro vida, se pasa el instante.
Cuando me despido, no sé si volveré a verte.
Cuando te toco, siento si estás conmigo.
Cuando me siento, sé si estás aquí o te has ido.
Cuando me enfado, sigo sintiendo algo más que indiferencia.
Cuando me alejo, y me olvido de ti,
        [es que dejé de querer viajar contigo.
Cuando agradezco, se me llena el corazón.
Cuando perdono, devuelvo el peso del daño.
Cuando insisto, me interesa la conquista.
Cuando verdaderamente aprendo, no olvido.

13

SI QUIERES TE CUENTO

Te cuento lo que me duele, bajito, para que no te asustes y te alejes,
creyéndote que te pediré que me ayudes.
Te cuento que me importas de veras, sin pensar que tú no sientes lo mism
Te cuento de a pocos para que no te canses de mí.

Si quieres, te cuento lo que me asusta:
me asusta la mirada ausente,
la escucha intolerante,
los silencios amenazantes,
la media sonrisa distante,
los abrazos vacíos para callarme,
los juicios invalidantes,
las verdades rotundas e individuales,
las envidias ciegas castrantes,
las frustraciones convertidas en guadañas dominantes,
los falsos piropos que disfrazan competencia,
las bromas agresoras,
la impotencia convertida en metralla,
las verdades dormidas,

las falsedades,
la generosidad interesada,
la bondad disfrazada…

Y dejo de contarte para no asustarte…

14

Me despisto

Encuentro dificultad donde la sencillez me aborda.
Como si se tratara de algo complicado,
tomo caminos perdidos.

Me despisto.

Me olvido de lo importante, buscando soluciones,
y me olvido,
y me equivoco.

Me despisto.

Tomo trenes que no me llevan a ninguna parte
cuando tengo claro el destino.
Me distraigo con sutilezas que desvían mi camino.

Me despisto y a veces descuido lo importante
y desatiendo a mis seres queridos.

Me despisto.

15

¡Déjame en paz!

Tintineos obsesivos en mi cabeza, me despiertan en la noche
haciendo llamadas de atención desde el escozor de las heridas.

Intento soltar un sueño y me atrapa otro recuerdo incómodo,
que crea otra escena temida o vivida.
Y doy vueltas en la cama para desprenderme del momento
y me atrapa la tensión del cuerpo, me asfixia.

Cada vez que algo me duele, contengo,
cada vez que algo molesta, me agito,
cada vez que no entiendo, me obsesiono,
cada vez que quiero, desconfío.

¡Así que déjame en paz intolerancia!
¡Desaparece inconsciencia!
¡Muere incapacidad de vivir la vida!

16

Hoy despierto

¡Amanecer, susúrrame al oído y cuéntame la noche!
Acaricia la mañana como si el nuevo día despertara de un letargo
y necesitase, de a poquitos, desperezarse.

¡Al alba, despierta vida!
¡Levanta con ánimo las ilusiones dormidas!
¡Despierta, humanidad dormida!

Respiremos.
Acunemos la maternidad fallida.

No toleremos más la impunidad,
castiguemos la soberbia del que obliga.

¡Susúrrame suavito!
¡Acaríciame la cara
y cántame bajito!

17

AMANECE LLOVIENDO

Como si escuchara llover desde la cama
y me acurrucara bajo las sábanas,
me atrapa el placer de remolonear
como el goce de los bebés cuando maman.

De la lluvia te cuento:
Que cuando me moja sin llevar paraguas
y me cala,
no es lo mismo
cuando moja
que cuando empapa.

Al igual que los pensamientos,
cuando aparecen o cuando machacan.

Si me dejo tocar por el agua
bailo las gotas como pinceladas
y la acuarela muestra la belleza captada.

Si me empapo hasta los huesos,
los borrones del lienzo
marcan la fuerza del agua
que, cuando no hay protección,
arrasa.

Y así es mi lluvia cuando me dejo llevar:
cala…
Y cuando le pongo diques,
«aunque parezca que no»,
me impregna el alma.

18

Desayuno con amor

Cuando una mariposa descansa,
el amanecer es como una brisa que acaricia
y la aurora es el tintineo de las campanas
que presenta la deidad de la sencillez que se engrandece.

Y lo poco sabe mucho
y los alimentos nutren
y al levantarme se despierta la ilusión
y recibo el día con calma
y espero que
el sol
o la niebla
o la lluvia
o que el frío marque el baile…

Y me abro a la nueva experiencia del día sin pretensiones,
sin trabas.
Lo acojo sin dirigir
y todo acompaña.

¡Baila conmigo!
Baila…
Baila…

19

CONTACTO I

Terminan los tiempos,
empiezan las horas,
traen las mañanas nubes
y sombras.

Da comienzo el día
y quiero atrapar momentos
para que no pase el día sin más.
Así al menos signifique vida
y no miedo.

Te deseo amaneceres con horizonte.
Desayunos con diamantes.
Días con luces.
Atardeceres salados.
Noches al calor de buena compañía.

Te quiero en colores claros,
en sombras iluminadas,

en abrazos llenos,
en miradas amables,
con palabras sinceras,
dando los buenos días por los cuatro costados,
bailando largo en los atardeceres que arropan las lunas venideras...

Y te mando una sonrisa grande,
con una caricia pequeñita,
que acaricie tu rostro
y te diga en voz bajita
–para que la intimidad no se ponga más tímida–
que te sigo queriendo,
si cabe,
más cada día.

20

Contacto II

Despierto sin querer hacerlo
y un rayo de luz se convierte en una inmensidad que me abruma.

Los destellos púrpuras los convierto en azul cobalto,
el frío que se advierte de fuera entumece mis pensamientos,
las sensaciones sobrecogen mi sentir del tiempo,
esperando que el día me traiga lo que yo no puedo darle.

Intento habitar mi cuerpo sin sentirlo amenazante,
lo acuso como delator de mis frustraciones
y lo inculpo de agresor, justificándome, así, de lo que le hago.

Sutil como la brisa palidece el recuerdo de la alegría,
las luces se esconden ante el conmovedor presente que turba el futuro
y casi intimida el pasado.

Quiero amanecer con poco, riéndome del: «¡Que no es poco!»,
sintiéndolo como «mucho»,
porque cada vez somos más afortunados «muy pocos»…

21

Nuevo día

Amanece que no es poco,
corro las cortinas del despertar.
Sin querer hacerlo
imagino el tiempo sin pasar
y pasarlo sin que pase.

Descubro la frialdad del momento,
donde los contactos son efímeros y enferman …
y no tenerlos empieza a ser peligroso.

Quiero volar sin prisa,
bailar sin contención,
cantar a pecho descubierto,
gritar de alegría,
soñar realidades,
imaginar el futuro amando el presente,
despedir el pasado,
añorándolo…
Y poder disfrutar los momentos.

Retuerzo los pensamientos que arrugan el alma,
escondo los deseos que no abarco
y estrujo los encuentros deseados,
añorando que el nuevo milenio se apacigüe con abrazos.

Quiero escribir.

22

Fin de Año - Acaba el 2021

Año convulso.
La vida es tránsito,
el mundo patas arriba
desvela la impremanencia
y transparenta la osadía del ser humano,
creyéndose el Dios del universo.

Bajo la mirada ante la vergüenza de la inconsciencia
que se esconde tras la soberbia del poder.

Me sublevo ante la pobreza de espíritu,
la arrogancia del poder,
la miseria de corazón,
la ceguera de nobleza,
me arrodillo ante las diferencias del ser humano,
las razas,
las culturas,
los géneros,
las diferentes sexualidades,

las inteligencias,
las luces y las sombras…

Quiero apostar cada nuevo día por un sol naciente
que trasparente la mirada,
que ablande el corazón,
que aproxime las diferencias,
que acune la desesperanza,
que dé lugar a las voces calladas,
que grite las injusticias,
que proclame la bondad
y que abandere la importancia de la generosidad
ante la ambición.

Brindo por que se vaya un año de sombras
y que los destellos de luces iluminen
el despertar de miradas más luminosas y amaneceres más cálidos.

23

Hoy me pido recibir sin necesariamente dar

Un nuevo tiempo empieza
con nuevos propósitos y añoranzas,
con algún deseo cumplido,
sin subestimar los que se cumplirán.

Renuevo mi pensar soltando ideas añejas,
adaptada a mirar las cicatrices que ya dibujan la piel de recuerdos,
pero que no duelen en el corazón.

Danza el invierno ante el fuego de mis anhelos y quemo los desengaños,
me anudo bien fuerte y congelo los falsos abrazos,
endurezco como granito las secuelas de los daños,
alejo las faltas de respeto disfrazadas de inconsciencia,
me disculpo de mis arrebatos cargados de ira,
pido perdón tomando nota de mi agresividad, cuando se me va la mano,
y la reverencio cuando me ayuda a defenderme de la belicosidad victimista.

Me despojo de nimiedades que me enfadan,
acometo batallas saludables, que despejan el camino de la envidia,

arrojo al baúl de los recuerdos las faltas con las que ya no aprendo
y tomo de la mano a la honestidad para que me enseñe el camino,
y así, combatir mi arrogancia cuando aparece.

Para esta etapa me pido ser más compasiva,
pido actuar con menos beligerancia,
pido no ser la anfitriona en las fiestas,
soltar el esfuerzo que pasa desapercibido con el rol
       [que embiste mi carácter
y que me sirve para esconder «lo tanto» que necesito.
Pido ser la invitada en las fiestas
y dejarme agasajar sin necesariamente devolver
       [multiplicando lo recibido.
Pido disculparme sin excusas,
pido amor a raudales
y pido seguir sensibilizándome…

Doy gracias a la vida por haberme dado y por haberme quitado
más de lo mismo,
para enterarme del valor de lo recibido
y de lo arrebatado.

24

LA EXPRESIÓN DE UN PÁJARO

Escribo al pálpito de una pluma cuando roza la piel
y voy recordando algunos momentos
que tiñen el corazón de sensaciones de todo tipo de colores:
grises que estrujan el alma,
dorados que iluminan fantasías,
azules que me hacen mirar al cielo con esperanza,
marrones que huelen al podrido odio que acompaña la envidia,
anaranjados que bailan con alegría la sencillez gozosa
          [de los mejores instantes.

Encuentro en una caracola el sentido de la vida
y lo pierdo al reprochar mis anhelos.
En el vuelo de la esperanza aprendo a bailar tango.
En la piel de los pájaros toco la suavidad firme de la amistad.
Recibo recompensada con creces cualquier acto solidario.

Descubro con estupor, aún,
la idiotez de la soberbia
y la pobreza de quien no agradece
y no sabe expresar A PECHO DESCUBIERTO.

25

DESINTOXICACIÓN

¡Cómo soltar lo pegajoso que se impregnó en el aprendizaje
      [de la infancia!
Y encauzó un camino amenazante, donde el amor era enemigo
y las posibilidades, mordazas.

¡Cómo agarrar suspiros de esperanzas donde la muerte
      [esperaba en cualquier salida
y el maltrato en cualquier entrada!

¡Cómo respirar sin ahogar la rabia!
¡Cómo disparar sin matar la vida!
Y sin haber aprendido a disfrutarla...

Quizás soltando ilusiones que sean idealizaciones
——————————— o tal vez ———————————
idealizándolas...

Quizás paladeando sabores nuevos,
aunque sean amargos,

acostumbrando el gusto a lo áspero
y endulzando lo agrio.

O más bien descubrir lo tóxico como cotidiano,
intentar acostumbrarme,
aunque me resista…
Siempre y cuando la energía me acompañe
y el sol siga saliendo
y yo tenga ganas de mirarlo.

26

ABRO LOS OJOS

Descubro una lejana mota de polvo reposando en la barandilla
y me doy cuenta de detalles que en otro momento ni me fijaba.

Desde hace un tiempo contemplo lo finito.
Me detengo en silencio,
aunque la razón empuje,
permanezco y observo.

Construyó futuros finitos
y presentes nublados.

Sueño con momentos mejores,
revestidos con dorados,
que despierten el día con amaneceres coloreados:
de ilusiones…
de abrazos…
de compañía…
de hermandad de hermanos.
Donde las ofensas o los desengaños

no sean más que pasajeros nublados
y los intereses sean humanitarios.

Abro los ojos turbados,
la ceguera del poder deshumanizado y cargado de individualidades
apagan mi mirada.
Cierro humedecidas las retinas con tristeza
–desengañada–.
Apenas late la esperanza.

27

PASADA DE VUELTA

Cada día me duele más el mundo.
La búsqueda del poder desalmado.
El controvertido manifiesto de hipocresía bélica en nombre
de la unión de las naciones que esconden los propios intereses
y nos cuentan que la amenaza es «un virus» que disfrazan
las farmacéuticas para engordar sus arcas.
Mientras, el mundo se muere de hambre
y las vacunas se quieren inyectar a la fuerza
y los países pobres siguen muriendo de ébola
y parece que lo importante es la muerte de Armani
o quien gana los mundiales de fútbol.

Pero señores,
«@señores»...
¡Despertemos, joderrrr!
De verdad, ¿creéis que si el corazón gobernara el mundo
estaría acompañando
«al grandísimo hijo de PUTIN» o estaría consolando
a su «santísima madre», que trajo a un ser que se convirtió en

un sátrapa para disfrazar sus complejos de inferioridad
y transformar sus traumas en violencia expandida?

¡Qué lágrimas corren de impotencia masiva,
soterrada entre los seres de corazón caliente!

No me importan las ideologías,
ya no me importan los partidos políticos
–quizás nunca me importaron– .
Lo que me importa es la humanidad que carga con la injusticia
        [manejada por unos
« muy pocos»
———————— / seres / ————————
que su única función en este mundo es:
¡DESTRUIRLO!
para creerse que lo domina.

Declaro y muestro mi impotencia y mi rabia asesina
fantaseada en un tiro «a secas», sin vergüenza, sin culpa,
en el centro del cráneo de Putin y similares…
En este y otros casos, no me valdría la inmolación de Gandhi.

Perdonar la expresión de mi rabia e instinto asesino,
que justifico, quizás y sólo quizás, como la de la supervivencia
        [de una especie.

Muestro mi tristeza e impotencia,
quizás y solo quizás,
disfrazada de justicia.

28

HERIDA

Inconsciencia hecha armadura,
te vas mostrando con la arrogancia de una catana afilada.
Exhibes los complejos infantiles con la tiranía de un califa,
profundamente desangrada por el recuerdo de una vida
⠀⠀⠀⠀⠀[que no da tregua.

Te expones, a veces, vencida,
a veces, curada,
a veces como una heroína.

Te presentas
como recuerdo recuperado.
Te ignoro, a veces,
para intentar borrar el pasado.
Te quiero olvidar
para negar el daño.

29

Sin tregua

La tierra devuelve vida,
cuando el ser humano abona estiércol.

El fitopláncton nos trae energía
y nosotros escupimos plástico.

El cielo baña la tierra
y nosotros la «chapapoteamos».

No le damos tregua al mar,
ni a los pantanos,
ni a los animales,
ni a los bosques,
ni a las raíces,
ni a los ermitaños,
ni al mismo aire que respiramos.

Somos de la más feroz de las plagas,
destruimos allá donde pisamos.

Escupimos a la tierra nuestro propio asco de ser humano
y condenamos al universo con ser fieles a dominarnos.

30

INSTANTES DOLOROSOS

Limito la mirada para que la contaminación, de tanto daño,
[no me llegue a la sangre,
y, aun así,
no consigo que el escozor, no entristezca cada fisura por donde
la sensibilidad se presenta, cada vez más enemiga de la conciencia.

31

IDEAS

Aire tierra.
Destellos efímeros de esperanza.
Sin sabores amargos.
Amaneceres destemplados.
Pieles curtidas de plástico.
Risas olvidadas atrapadas de llantos.
Bailes que son desesperados.
Borracheras de abrazos.
Poesías que recuerdan la belleza.
Patera de Arte que se destruye y se crea.

Todo ya se dijo antes…

Dios nos salve María.

32

AROMAS

¿Quién no recuerda los aromas que recorren los momentos
a veces entrañables, a veces rechazables de la infancia?

Evoco:
El olor al colacao calentito por las tardes haciendo
       [los deberes con mi abuela.
El Vick Vaporub con el tacto de la ternura.
Las patatas asadas en el frío invierno.
Los chicles de fresa.
El horno al abrirse con aroma de bizcocho.
El frescor de la primavera al amanecer.
El tendedero de la ropa recién lavada.
Los polos de limón.
La colonia de mi abuelo.
Las gomas Milán.

Intento rechazar con desaire los aromas pesados que recuerda mi piel:
El sonoro aliento pegajoso del desprecio.
El olor a fruta podrida que me provoca el vómito.

Las manos que hieden a daño.
El olor del tacto áspero que da asco.
Las pieles no deseadas que apestan a náusea.

33

Entrega

Me entrego a la vida teniendo en cuenta su pérdida.
Confío en su propósito efímero y suspicaz,
y me entrego a lo que venga,
sin olvidar mi compromiso de estar en mí,
y en ti
y en quien me necesite.

Me dejo de tonterías infinitas, que quitan peso a lo importante,
e intento atrapar el tiempo.
Y doy un abrazo como si no pudiera darlo,
y suspiro como si de elixir se tratase,
y bailo nutriendo el alma,
y sonrío como si de una caricia importante se tratase.

Y me dejo estar.
Agarrando momentos,
soltando gruñidos,
atrapando sabores,
difuminando sinsentidos.

Y me atrapa la tristeza
y consumo impotencia de no salvar vidas
y suelto pensamientos egoístas fiscalizados en mi ombligo.

Y miro un poco más lejos...

Y veo una parte de la humanidad que sufre
            [lo que la otra parte imprime.
Y veo el latir de corazones de mariposas frágiles que aletean
con la fuerza de la inocencia
y revivo...
Y vuelvo a confiar para dar sentido a mi vida.
Estando al servicio.

34

Intolerable

¡Qué escozor salpican los pensamientos dominantes de nuestra época!

Terribles injusticias van haciéndose incomprensiblemente
　　　[de nuevo hueco
y sin nombrarlo en:
«HOLOCAUSTO DISIMULADO» en el 2022.
No justificado por la búsqueda de una raza aria,
lo ventilamos disfrazándolo de globalización.
La hambruna mundial que ya no entiende de colores,
ni razas
ni de animales,
ni mares,
ni ríos,
ni montañas,
ni bosques,
ni aire,
ni tierras,
ni pastos,
ni abonos…

Sólo destila gases interesados,
riquezas bañadas en sangre,
yates que contaminan la pesca,
misiles que destruyen hogares,
madres perseguidas por proteger a sus hijas.
Hijos que repiten enseñanzas de «pedagogía negra»,
      [que sufrieron en la infancia
rabia reprimida desatada en venganzas tiranas.

35

Mirar arriba

Cuando miro al cielo y veo las nubes,
veo algodones sobre un mar azul.
Van apareciendo los colores según el corazón late.

A veces son nubarrones que gritan tormenta
que bufan berridos de injustas heridas.

Otras, en cambio, son amaneceres cálidos despejados,
donde el aire acaricia la piel con calma
y apacigua la tensión sombría.

Y hay días luminosos,
donde brillan las amapolas,
bailan los girasoles,
las cerezas seducen
y quiero saltar las nubes
tirarme a la vida sin paracaídas
y gritar al aire libre.

36

Resurgí

Nuevamente levanto el vuelo.
Tras las caídas se despeja el aire,
se aligeran las alas,
los remolinos se vuelven nidos
y las tormentas amainan.

El peligro no pasó,
pero el viento en calma permite seguir andando
e incluso descansar algún momento.
Y observar una puesta de sol
y bailar al son del amanecer...

Algo pasó
y sigue pasando...
La tregua
nos da un respiro.

Resurgen las ganas,
aparece alguna sonrisa,

los días son más largos y no molestan,
el calor a veces pesa,
pero se alivia con las risas,
el bochorno se refresca con bebidas
y se espera la noche para la salida.

Resurge, a ratos,
la vida.

Esta
PRIMERA
EDICIÓN DE *Solo las camelias fueron libres en los balcones,* DE YOLANDA MOZOTA GARCÍA, HA SIDO IMPRESA CON PAPEL AHUESADO, DE 80 GRAMOS. SE HA UTILIZADO LA TIPOGRAFÍA GARAMOND PRO. Y SE TERMINÓ DE IMPRIMIR EN REPROGRÁFICAS MALPE, EN EL MES DE SEPTIEMBRE DEL AÑO 2024.